Vente par suite de Décès

OBJETS D'ART

ET DE

CURIOSITÉ

BIJOUX, DIAMANTS, ORFÉVRERIE

Armes, Bronzes, Porcelaines de Sèvres

TABLEAUX ANCIENS

PROVENANT EN MAJEURE PARTIE

De la Collection de M. le comte de MONTLEZUN

Me FONTAINE	M. BLOCHE
COMMISre-PRISEUR	EXPERT
Rue Cadet, no 8.	Boulevard Montmartre, 19.

PARIS — 1877

Vᵉˢ RENOU, MAULDE et COCK
IMPRIMEURS DE LA COMPAGNIE DES COMMISSAIRES-PRISEURS
Rue de Rivoli, 144.

CATALOGUE

DES

ARMES ANCIENNES

Criss malais, Poignards, Sabres, Pistolets
Fusils

BIJOUX, DIAMANTS, ORFÉVRERIE

SUITE INTÉRESSANTE DE BAGUES, CAMÉES ET INTAILLES

Boites, Miniatures, Éventails, Terres cuites, Porcelaines de Sèvres

TABLEAUX ANCIENS

DES ÉCOLES FLAMANDE, FRANÇAISE ET ITALIENNE

Dessins, Gravures

PROVENANT EN MAJEURE PARTIE

De la Collection de M. le comte de MONTLEZUN

et dont la vente aura lieu

PAR SUITE DE DÉCÈS

HOTEL DROUOT, SALLE N° 2

Les Lundi 7, Mardi 8, Mercredi 9 et Vendredi 11 Mai 1877

A DEUX HEURES

EXPOSITION PUBLIQUE

Le Dimanche 6 Mai 1877, de une heure et demie à cinq heures.

Me FONTAINE	M. BLOCHE
COMMISSre-PRISEUR	EXPERT
Rue Cadet, n. 8	Boulevard Montmartre, 19

PARIS – 1877

CONDITIONS DE LA VENTE

Elle sera faite expressément au comptant.

Les Acquéreurs paieront CINQ POUR CENT, en sus des enchères.

Aucune réclamation ne sera admise une fois l'adjudication prononcée.

DÉSIGNATION

ARMES

1 — Très-beau Criss malais du XVIe siècle. Lame flamboyante de Damas, à arêtes saillantes resserrant au milieu un serpent dont les dessins de la peau sont damasquinés d'or. Au talon, une suite de fleurs et d'arabesques ciselées et dorées venant se rallier d'un côté à une tête de monstre. La poignée est en bois finement sculpté. La virole et la monture en or ciselé représentant des oiseaux, des fleurs et des chimères dans un paysage. Fourreau en bois.

2 — Beau Criss malais du XVIe siècle. Lame flamboyante de Damas à arêtes au talon, poignée en bois sculpté représentant une divinité, monture en cuivre. Fourreau en bois.

3 — Beau Couteau de chasse du XVIIIe siècle. Lame de Damas, poignée en jade blanc sculpté sous forme de tête de chèvre. Fourreau en velours, monture en cuivre gravé.

4 — Beau Couteau de chasse oriental du XVIIIe siècle. Poignée en ivoire se terminant en deux oreilles richement montées en argent, partie filigranée et ornée de corail. Fourreau en velours, garni en argent.

5 — Couteau de chasse oriental du XVIIe siècle. Lame de Damas ornée d'inscriptions en damasquinure d'or. Poignée en agate, fourreau en velours, garni en cuivre.

6 — Criss malais du XVIe siècle. Lame flamboyante de Damas, époque primitive, à arête au talon, poignée en bois, partie sculpté, virole en cuivre, fourreau en bois laqué avec entrée forme bateau rehaussée d'or et de peinture.

7 — Beau Poignard oriental du XVIIe siècle. Lame de Damas incrustée d'or au talon, poignée en jade vert sculpté enrichie de rubis. Joli fourreau en argent doré.

8 — Beau Criss malais du XVIe siècle. Lame flamboyante de Damas à arêtes au talon. Poignée et fourreau en peau de serpent, monture en argent gravé.

9 — Sabre du XVIe siècle. Lame de forme bizarre avec arabesques en reperçé, poignée en ivoire sculpté sous forme de tête chimérique, fourreau en bois.

10 — Sabre oriental du XVIe siècle. Lame de Damas et gravée. Poignée en bois, fourreau en bois garni de corne et d'argent.

11 — Beau Poignard oriental du XVIe siècle. Lame de Damas, poignée et fourreau en argent doré offrant des arabesques et des grenades et enrichis d'un jade taillé.

12 — Couteau-Poignard oriental du XVIe siècle. Lame de Damas, poignée en fer damasquiné d'or représentant des fleurs et des feuillages, fourreau en velours, garni de cuivre.

13 — Stylet oriental du XVIe siècle. Poignée en onyx tendre incrustée d'or enrichie d'un rubis cabochon, fourreau en velours garni de cuivre.

14 — Poignard oriental du XVIe siècle. Lame de Damas, poignée en jade vert incrusté d'or enrichie d'un rubis, fourreau en velours garni de vermeil.

15 — Couteau-Poignard oriental du XVIIIe siècle. Lame de Damas, poignée en jade blanc enrichie d'une émeraude, fourreau en peluche garni de vermeil.

16 — Couteau-Poignard oriental du XVIIIe siècle. Lame de Damas, poignée en jade blanc, fourreau en velours garni de cuivre.

17 — Couteau-Poignard oriental du XVIIe siècle. Lame de Damas, poignée en jade vert, monture et garniture du fourreau en vermeil.

18 — Couteau-Poignard oriental du XVIe siècle. Lame de Damas, poignée en fer damasquiné d'or, garniture du fourreau en argent doré.

19 — Sabre courbe oriental du XVIe siècle. Lame de Damas, poignée et garniture du fourreau en en argent.

20 — Criss malais du XVIe siècle. Lame flamboyante de Damas, époque primitive, poignée en bois partie sculpté, fourreau en bois.

21 — Poignard courbe oriental du XVIIIe siècle. Lame de Damas ornée de caractères inscrustés d'or, poignée en bois d'ébène sculpté, fourreau en velours garni en argent.

22 — Service de chasse oriental du XVIIe siècle. Lames de formes bizarres, poignée en bois, fourreau en cuir.

23 — Sabre droit oriental du XVIe siècle. Lame de Damas, poignée en ivoire garnie en argent, fourreau en cuir.

24 — Couvert de chasse oriental du XVIIe siècle. Lames de Damas, manches de Damas inscrustées d'or.

25 — Couteau-Poignard oriental du XVIe siècle. Lame gravée, poignée et garniture du fourreau en argent.

26 — Couteau-Poignard oriental du XVIe siècle. Lame de Damas, poignée ivoire, garniture du fourreau en argent ciselé et niellé.

27 — Katarrhe oriental du XVIe siècle. Lame de Damas, poignée en fer rehaussé de vestiges d'or.

28 — Couteau-Poignard oriental du XVIe siècle. Lame de Damas, poignée en pierre, monture et garniture du fourreau en vermeil.

29 — Couteau-Poignard oriental du XVIe siècle. Lame de Damas, poignée en fer partie dorée, partie damasquinée d'or, fourreau en vermeil.

30 — Couteau-Poignard oriental du XVIe siècle. Lame et talon finement damasquinés d'or, poignée en jade vert, garniture du fourreau en argent doré et finement gravé.

31 — Sabre droit oriental du XVIIe siècle. Lame de Damas et inscrustée d'or, poignée en argent à fleurs et coquilles, fourreau en cuir.

32 — Criss malais du XVIe siècle. Lame de Damas, époque primitive, poignée et fourreau en bois.

33 — Lame de sabre gravée du XVIIIe siècle et Poignard oriental du XVIIIe siècle.

34 — Katarrhe du XVIe siècle. Lame et poignée de Damas.

35 — Couteau-Poignord oriental du XVIIe siècle. Lame de Damas, poignée en ivoire garnie, ainsi que le fourreau, en argent.

36 — Joli Couteau-Poignard du XVIe siècle. Lame de Damas, poignée en agate, monture et garniture du fourreau en argent doré.

37 — Couteau-Poignard oriental du XVIIe siècle. Lame de Damas, poignée en lapis de Perse, monture et garniture du fourreau en vermeil.

38 — Instrument de musique oriental du XVIIe siècle. Cor en ivoire, monture en vermeil, écrin en bois.

39 — Couteau-Poignard oriental du XVIIe siècle. Lame de Damas, poignée en ivoire, monture en argent gravé.

40 — Couteau-Poignard oriental du XVIIe siècle. Lame de Damas, poignée en bois, monture en vermeil.

41 — Sabre court et courbe oriental du XVIIe siècle. Lame plate et large, poignée en bois.

42 — Hache orientale du XVIIIe siècle, tranchant damasquiné d'or, poignée en argent.

43 — Sabre droit oriental du XVIe siècle. Lame de Damas, poignée en ivoire, monture en argent.

44 — Poignard oriental du XVIIe siècle. Lame de Damas, poignée en ivoire.

45 — Couteau de chasse, époque Louis XVI, poignée en nacre et bois, monture en argent.

46 — Couteau-Poignard oriental du XVIe siècle. Lame de Damas, incrustée d'or, poignée en pierre, fourreau en argent.

47 — Couteau-Poignard oriental du XVIIe siècle. Lame de Damas, poignée en corne.

48 — Poignard oriental du XVIIe siècle. Lame en Damas et ciselée, poignée en ivoire.

49 — Poignée de sabre en fer damasquinée d'or du XVIe siècle.

50 — Sabre courbe oriental du XVIe siècle. Lame de Damas, poignée en rhinocéros, garde, monture et garniture du fourreau en fer damasquiné d'or.

51 — Sabré courbe oriental. Lame de Damas avec inscription en damasquinure d'or: DEPELLA.DNE BELLAESINME. *Anno Domini 1356.* Poignée en bois, garde et garniture du fourreau en fer.

52 — Trois Sabres courbes orientaux du XVIIe siècle. Lames de Damas, poignée en rhinocéros, gardes et garnitures de fourreaux en fer damasquiné d'or.

52bis — Sabre courbe oriental. Lame de Damas, poignée en corne, monture et garniture du fourreau en cuivre.

53 — Sabre courbe oriental. Lame de Damas, poignée en corne, monture et garniture du fourreau en cuivre.

54 — Sabre courbe japonais du XVIIe siècle, poignée et fourreau en argent.

55 — Sabre japonais du XVIIe siècle.

56 — Sabre courbe oriental du XVIIe siècle. Lame de Damas, poignée en rhinocéros, monture en fer avec vestiges de damasquinure d'or.

57 — Deux Pistolets du temps de Louis XIV, système à pierres, bois sculptés, canons décorés de figures égyptiennes ciselées et gravées. Platines signées *Enterman Utrecht.*

58 — Deux Pistolets espagnols, époque Louis XV, système à pierres, bois sculptés et ornés d'appliques à rocailles, canons avec inscriptions EN MADRID dorées et cachets du fabricant incrustés.

59 — Deux Pistolets, époque Louis XIV, système à pierres, bois sculptés, canons avec fleurs de lis gravées et dorées, cachet du fabricant incrusté DVSTIN.

60 — Deux Pistolets, époque Louis XIV, système à pierres, bois orné d'armoiries, de plaquettes et de crosses en fer cisilé et doré par partie, canons signés de FLOKKIN à Paris.

61 — Deux Pistolets, époque Louis XIV, système à pierres, bois sculptés, canons signés : IOH. ANDRE. RUCHENREUTER.

62 — Pistolet, époque Louis XIV, système à pierre, bois orné d'armoirie et crosse en fer gravé, canon avec cachet de FERNANDEZ. Platine signée DEVILLERS.

63 — Six Pistolets anciens.

64 — Boîte de Pistolets avec accessoires.

65 — Beau Fusil circassien du XVIIIe siècle, canon gravé et finement damasquiné d'or et d'argent.

66 — Fusil, époque Louis XV, système à pierre, bois sculpté, canon et platine signés de IOH ANDRE RUCHENREITER.

67 — Fusil, époque Louis XV, système à pierre, beau canon en damas gravé, platine signée de : ICHTENFELS.

68 — Fusil du XVIIIe siècle, système à pierre, bois sculpté, beau canon gravé et incrusté. Platine signée de : *Joh Lichtenfild à Cärlsruhe.*

69 — Fusil du XVIIIe siècle, système à pierre, bois sculpté, canon avec cachet du fabricant et inscription : PANA. EL. EXMO SENOR CONDE DE TRASTAMAR.

70 — Fusil du XVIIIe siècle, système à pierres à double détente, canon gravé de *Leclère*. Platine signée de : *Boutet.*

71 — Fusil à double détente, système à pierres, bois sculpté, canon avec signature de FILLON, *Arquebusier du Roy.*

72 — Fusil à double détente, système à pierre, bois sculpté, canon signé de : *Lepage, arquebusier.*

73 — Trois Fusils à double détente.

74 — Fusil à pierres de *Siméon* et *Sauvages.*

75 — Fusil à piston de : *Lichtenfeld à Carlsruhe.*

76 — Fusil à pierre, époque Louis XV, bois orné d'appliques à rocailles.

77 — Deux Poires à poudre, l'une en peau de serpent, l'autre en corne.

78 — Poignée d'épée en acier.

BIJOUX, DIAMANTS, BOITES, MINIATURES OBJETS DE VITRINE

79 — Beau Bracelet en filigrane d'or, avec plaque enrichie de cinquante brillants.

80 — Bracelet en filigrane d'or enrichie d'une plaque composée d'un œil-de-chat entouré de vingt-deux brillants et trente et une roses.

81 — Grande et belle Bague marquise, composée de dix-neuf gros brillants, d'un entourage en roses et d'ornements en roses formant cartouche, époque Louis XVI.

82 — Belle Bague enrichie de sept brillants.

83 — Belle Boîte en prisme d'améthyste, forme de chèvre, monture en or à griffe enrichie de roses. Elle offre à l'intérieur une miniature, portrait de Charles VII d'Autriche.

84 — Jolie Montre en or émaillé gros bleu avec bordure forme corde enrichie de perles fines. Mouvement de *Berthoud à Paris*, époque Louis XVI.

85 — Deux Bracelets en perles fines avec plaques enrichies de quarante-trois brillants.

86 — Épingles de cravate, composée d'un brillant jaune entouré de brillants blancs.

87 — Épingle composée d'un rubis entouré de brillants.

88 — Épingle composée d'un brillant de fantaisie.

89 — Deux Épingles rubis, monture en or.

90 — Épingle composée d'un saphir entouré de brillants.

91 — Collier et Pendant d'oreilles en or émaillée, avec pierres diverses.

92 — Joli Reliquaire en agate offrant à l'intérieur, en or émaillé, des sujets tirés du Nouveau Testament (XVIe siècle).

93 — Belle Épingle de cravate, composée d'un gros brillant jaune entouré de dix-sept brillants blancs.

94 — Épingle de fichu composée de quatre beaux brillants de fantaisie.

95 — Jolie Applique de reliquaire en or repoussé et émaillé, représentant le Baptême du Christ, XVIe siècle.

96 — Petite Cassolette en argent émaillé, de l'époque Louis XIII, avec rubis incrustés.

97 — Plaque ronde en argent repoussé, sujet de chasse.

98 — Deux Boutons de chemise en or émaillé.

99 — Paire de Brisures enrichie de quatre brillants.

100 — Épingle de fichu composée d'une topaze entourée de brillants.

101 — Épingle de cravate, composée d'une turquoise entourée de brillants.

102 — Épingle de fichu, composée d'un rubis entouré de brillants.

103 — Épingle de fichu, enrichie d'un gros saphir.

104 — Épingle de fichu, composée de six brillants de fantaisie.

105 — Épingle de cravate, forme cœur, émeraude entourée de brillants.

106 — Épingle de fichu, forme aiguière, composée d'une coque de perle montée en marcassites.

107 — Bonbonnière en jaspe, ornée sur le couvercle d'une mosaïque de Rome, représentant un sujet mythologique.

108 — Bracelet en filigrane d'or, avec plaque enrichie d'une améthyste.

109 — Montre en or, boîtier émaillé, de *Leroy à Paris*.

110 — Grosse Montre en or guilloché avec Chaîne en argent et Cachet en cornaline gravée, à armoiries.

111 — Grosse Montre en or avec Chaîne également en or, mouvement de *Devron, à Besançon*. Clef et Cachet.

112 — Broche en or avec camée.

113 — Bracelet en cornalines montées en or.

114 — Trois petits Bracelets en or enrichis de plaques avec perles.

115 — Grosse Montre en or de *Breguet* avec Chaîne, sautoir en or et platine.

116 — Bague du temps de Louis XVI, composée d'une miniature, portrait d'un gentilhomme entouré de stras.

117 — Bague en or avec croix en roses.

118 — Grosse Montre en or, du temps de Louis XVI.

119 — Montre en or du temps de Louis XVI.

120 — Montre de dame en or à remontoir de *Ch. Oudin.*

121 — Montre de dame en or de *Ch. Oudin et fils.*

122 — Montre de dame en or, boîtier guilloché.

123 — Montre de dame en or, de *Champion.*

124 — Bracelet avec plaque-fermoir en or, enrichie d'améthystes.

125 — Deux Montres en argent, dont une de *Oudin.*

126 — Deux Chaînettes en or émaillé, avec Cassolettes et Bagues.

127 — Flacon en verre noir, monture en or.

128 — Carnet en cuir avec écoinçons en or, le dessus orné d'une peinture en grisaille, œuvre de S. A. royale la grande-duchesse de Bade et offert par elle à M. le comte de Montlezun.

129 — Flacon en cristal taillé avec Bouchon en vermeil.

130 — Flacon en verre, avec Bouchon en or de couleur et guilloché.

131 — Médaillon en or, pour cheveux, avec Croix et Cœur.

132 — Lot de Bijoux, composé de deux Brisures, des Bagues et une Clef en or.

133 — Épingle de fichu, forme tête de renard en émail, monture en or.

134 — Broche, Épingle de fichu et Chaîne en or émaillé.

135 — Ordre d'Autriche en or émaillé.

136 — Petit Cachet en or mat.

137 — Bracelet en corail, monture en or.

138 — Chapelet en corail, lapis et cornaline, monture or.

139 — Épingle de fichu en or.

140 — Collier et Pendants d'oreilles en or émaillé, style égyptien.

141 — Bracelet en agate.

142 — Bracelet en cheveux avec plaque ornée d'une topaze, monture en argent doré.

143 — Grosse Montre en or, à répétion, boîtier guilloché.

144 — Demi-Parure en améthystes montées en or, composée d'une Croix, Pendants d'oreilles et Épingle de fichu.

145 — Cassolette et Bague avec Chaînette en or émaillé.

146 — Broche à châle en or, genre Campana.

147 — Petit Cœur en cornaline, monture en or.

148 — Chaîne de gilet en or.

149 — Deux Boutons de chemise en stras, montés en or.

150 — Lot de Bagues en or et en argent.

151 — Plaque de bracelet en or, enrichie d'améthystes et de stras.

152 — Petite Lorgnette en écaille blonde, monture en or, de *Lerebours*, époque Empire.

153 — Croix ou Ordre en or émaillé et un Dé en or.

154 — Cassolette forme cœur surmonté d'une couronne en argent doré.

155 — Nécessaire de dame en argent doré, écrin en écaille.

156 — Deux Épingles, perles et opales.

157 — Six Épingles en or.

158 — Épingle avec petit brillant et une rose noire.

159 — Paire de Pendants d'oreilles en or et camées.

160 — Deux Bagues en or, dont une enrichie de turquoises.

161 — Chaîne gourmette.

162 — Flacon monté en argent doré.

163 — Lot de Reliquaires et de Chapelets.

164 — Lot de Bijoux divers en or, argent et cuivre.

165 — Huit Flacons montés en argent.

166 — Carnet en acier, de l'époque Louis XVI.

167 — Couteau en argent niellé.

168 — Flacon en cristal taillé, monté en argent.

169 — Boîte ovale à charnière en vernis de Martin, fond rouge antique, ornée sur le couvercle d'une miniature, portrait de dame; monture en or, époque Louis XVI.

170 — Bonbonnière en écaille blonde ornée d'une miniature, portrait d'enfant; du temps de Louis XV.

171 — Trois Bonbonnières : l'une en écaille ornée d'une miniature, les autres en bois avec peintures en grisaille.

172 — Miniature ronde du temps de l'Empire; Portrait de jeune femme, attribué à Saint.

173 — Médaillon du temps de Louis XV, avec miniature portrait d'enfant en costume de garde-française,

174 — Miniature-portrait d'homme du temps de Louis XV.

175 — Cinq Miniatures, portraits et sujets.

176 — Médaillon ovale, buste de Louis XVI, en ivoire.

177 — Petite Boîte en nacre sculptée.

178 — Bague en cornaline, monture en argent.

179 — Deux petites Bagues, émeraude et turquoise entourées de diamants.

180 — Deux Bagues camées, monture en or.

181 — Cinquante-neuf Bagues en or enrichies de pierres (sera divisé).

182 — Chaînette en or, avec petite applique en turquoise et brillants.

183 — Paire de Pendants d'oreilles en or.

184 — Vingt-huit Bagues et Anneaux brisés en or.

185 — Deux Cassolettes en or.

186 — Quatre Médaillons pour cheveux ou portraits.

187 — Deux Boutons de chemise en or.

188 — Flacon en verre, Bouchon en or émaillé de Genève, époque Louis XVI.

189 — Chaîne sautoir en or.

190 — Croix en or.

191 — Médaillon en camées corail, monture en or.

192 — Quatre paires de Boutons d'oreilles.

193 — Sept petites Roses.

194 — Deux Médaillons en or : roi de Rome et Napoléon.

195 — Petites Breloques, Épingle, Jumelle et une Clé en or.

196 — Chapelet en cornaline, et deux Colliers en perles fausses avec fermoirs ornés de mosaïques.

197 — Étui en ivoire, forme sirène.

198 — Couteau du temps de Louis XVI, manche en nacre et or.

199 — Bague en or, enrichie d'une saphirine gravée (XVe siècle.)

200 — Bague en or, enrichie d'une cornaline blanche gravée, représentant un cerf ailé et un soleil.

201 — Bague en or, enrichie d'une cornaline gravée. (Faunesse prenant le dieu Pan par les cornes.)

202 — Bague en or, avec sardoine orientale à trois couches (Buste d'homme) du temps de Louis XIV.

203 — Bague en or, avec rouge antique gravé, tête romaine (XVIIIe siècle).

204 — Bague tournante en or mat, avec jade gravé offrant des hiéroglyphes (XVe siècle).

205 — Bague tournante, représentant en cornaline gravée un scarabée (XVe siècle).

206 — Bague en or et tournante, représentant sur cornaline un scarabée et un tireur à l'arc (XVIe siècle).

207 — Bague en or, avec nicolo, représentant une tête de sphynx et une inscription (XVIIe siècle).

208 — Bague en or, avec hyacinthe, tête d'Egyptienne (XVIe siècle).

209 — Quatorze Bagues en or, enrichies de cornalines gravées des XVIe, XVIIe et XVIIIe siècles. (Sera divisé.)

210 — Dix-neuf Bagues en or, enrichies de lapis, de cornalines, de sardoines et autres pierres gravées des XVIe, XVIIe et XVIIIe siècles.

211 — Sept Bagues en or, enrichies de nicolos gravés.

212 — Quatre Bagues en fer et en argent, travaux grecs et romains.

213 — Epingle en cuivre forme épée, dont la poignée est en forme d'Amour avec une perle (XVe siècle).

214 — Bague tournante, ornée d'un scarabée.

215 — Bague en or, avec cornaline gravée, représentant des hiéroglyphes.

216 — Bague tournante, avec pierre gravée, représentant un lièvre.

217 — Bague en or, avec sardoine gravée, tête d'enfant.

218 — Deux Bagues en or, avec cornalines gravées.

219 — Bague en onyx blanche gravée, tête d'homme, monture en or.

220 — Bonbonnière en écaille, ornée sur le couvercle d'une mosaïque.

221 — Deux Bonbonnières, avec miniatures en grisaille sur les couvercles.

222 — Boîte en ivoire, ornée d'une mosaïque sur le couvercle.

223 — Petite Bonbonnière en écaille blonde posée d'or.

224 — Dix-sept Pierres gravées des XVIe, XVIIe et XVIIIe siècles.

225 — Cinq Bustes en ivoire et une petite peinture sur nacre.

226 — Bague chevalière en or, enrichie d'une turquoise, représentant en bas-relief un Amour (XVIe siècle).

227 — Bague en or, enrichie d'une cornaline gravée, représentant le Triomphe d'Amphitrite (XVIe siècle).

228 — Deux Bagues en or, avec nicolos gravés.

229 — Bague en or, avec rouge antique gravé, représentant deux chevaux poursuivis par un serpent (XVIIe siècle).

230 — Sept Bagues en or, avec pierres diverses gravées des XVIe, XVIIe et XVIIIe siècles.

231 — Pièce de monnaie arabe avec inscription : « Ma-« homet est l'esclave de Dieu et son envoyé. » « Il n'y a de Dieu que Dieu unique. »

232 — Cachet avec six plaques armoriées.

233 — Cornaline gravée.

234 — Deux Blocs pour écussons.

235 — Chroniques françaises, œuvres de Jacques Goudar, publiées par F. Michel, suivies de Recherches sur le style, par C. Nodier. Enrichies de gravures et de majuscules en couleur et rehaussées d'or, reliure en velours frappé.

236 — Six Epingles en or, avec camées et entailles.

237 — Tête de profil sur verre fondu, teinte verte du XVIIe siècle.

238 — Petit Monument byzantin sculpté sur sardoine oriental (XVIe siècle).

239 — Bracelet romain en or, enrichi d'un nicolo gravé.

240 — Paire de Pendants d'oreilles en or, travail romain.

241 — Sept Cachets en forme de bagues en or ornées de pierres gravées.

242 — Chaîne en or et platine.

243 — Cinq Bagues en or, enrichies de pierres gravées.

244 — Cachet en cornaline.

245 — Eventail du temps de Louis XVI, feuille en soie décorée de sujets allégoriques à l'hyménée et de paillettes, monture en ivoire sculpté, figures et ornements dorés.

246 — Eventail du temps de Louis XVI, feuille décorée de sujets champêtres, monture en ivoire.

247 — Vingt Eventails anciens.

248 — Petite Statuette équestre en argent.

249 — Petite Peinture en grisaille, offrande au dieu Pan.

250 — Douze Médailles en argent et en bronze.

251 — Bonbonnière en écaille, avec miniature sur le couvercle, représentant Louis XVI en buste.

252 — Miniature ovale du temps de Louis XVI, portrait de dame.

253 — Six Pièces : couteaux et fourchettes des XVIIIe et XIXe siècles.

254 — Pèse-Sirop en argent, flacon dans un étui en galuchat.

255 — Petit Cartel en cuivre, époque Louis XV.

256 — Jumelle en ivoire.

257 — Plateau et Boîte en laque du Japon.

258 — Broche en or et camée.

259 — Pendentif et Epingle en or.

260 — Bénitier en bronze, représentant saint Michel.

261 — Pierre gravée pour cachet, travail égyptien.

262 — Canif avec manche en ivoire, représentant des têtes de morts superposées (XVIe siècle).

263 — Deux petits fragments de figures d'appliques.

264 — Coupe à anse en jade blanc sculpté.

265 — Coupe ovale en agate orientale.

266 — Quatre manches de couteaux en jades de diverses nuances.

267 — Trois pièces : Boîte en bois sculpté et deux petits Socles en marbre.

268 — Buste d'homme en pierre, sur socle en marbre, travail du XVIe siècle.

269 — Fragment de bas-relief en marbre, buste de femme et tête d'enfant (XVIe siècle).

270 — Peinture sur marbre, encadrée.

271 — Deux Flambeaux en cuivre Louis XVI.

272 — Deux Socles en marbre.

273 — Deux Vases en marbre des Pyrénées.

274 — Boîte en noyer, ornée de perles d'acier, renfermant trois flacons.

275 — Lorgnette en écaille.

276 — Cachet forme sifflet en argent.

278 — Eteignoir en acier poli.

279 — Miniature sur vélin, portrait d'homme du temps de Louis XIV, attribué à Petitot.

280 — Miniature sur ivoire, portrait de Charles X, par Saint (signé).

281 — Email, représentant en buste Louis XVIII, par Constantin.

282 — Miniature ronde, représentant en grisaille deux bustes.

283 — Miniature sur ivoire, portrait d'homme.

284 — Deux Vide-Poches en simili-jade.

285 — Petit Plateau en filigrane d'argent.

ORFÉVRERIE

268 — Grande Cafetière élevée sur trois pieds en argent, époque Empire.

287 — Petite Cafetière en argent, époque Empire.

288 — Cuiller à punch en argent.

289 — Douze Cuillers à café en argent et armoriées.

290 — Douze Couverts en argent et armoriés.

291 — Vingt-quatre Couverts d'entremets en vermeil, armoriés et au chiffre J. M.

292 — Vingt-quatre Couteaux à dessert, lames et manches en vermeil, armoriés et au chiffre J. M.

293 — Vingt-quatre Cuillers à café en vermeil, armoriées et au chiffre J. M.

294 — Pince à sucre en vermeil, armoriée et au chiffre J. M.

295 — Cuiller à sucre en vermeil et au chiffre J. M.

296 — Vingt-quatre Couteaux de table, manches en bois noir, viroles et plaquettes chiffrées en vermeil.

297 — Quarante-huit Couverts en argent, armoriés.

298 — Deux Louches en argent et armoriées.

299 — Douze Cuillers à sauces en argent et armoriées.

300 — Grande Cuiller à jour en argent, armoriée.

301 — Deux Cuillers à sucre en argent, armoriées.

302 — Truelle à poisson en argent, manche en bois noir.

303 — Six Cuillers à sel en argent, même modèle.

304 — Trente-six Cuillers à dessert en argent, même modèle.

305 — Pince à sucre en argent.

306 — Douze Cuilliers à café en vermeil.

307 — Deux Pelles à glaces en argent, manches en bois noir.

308 — Quatre Cuillers à sauces en argent, modèle à filets.

309 — Dix Couverts en argent, même modèle.

310 — Douze Couverts en argent, même modèle.

311 — Deux Couverts d'enfant en argent, modèle à coquilles.

312 — Dix Cuillers à café en argent, même modèle.

313 — Trois Cuillers à sucre en argent, armoriées et à coquilles.

314 — Huit Pelles à selles.

315 — Pièce à sucre et quatre Cuillers diverses en argent.

316 — Petite Pelle à glaces en vermeil, manche en bois noir.

317 — Louche en argent unie, avec armoiries.

318 — Passoir à thé et coupe à déguster en argent.

319 — Cafetière tripode, époque Louis XVI, en argent.

320 — Cinq Gobelets en argent et armoriés.

321 — Deux Boîtes à poudre, en argent et armoriées.

322 — Bougeoir en argent, armorié, époque Louis XVI.

223 — Paire de Lunettes montées en argent.

324 — Ménagère en argent.

325 — Sucrier en argent orné de mascarons ciselés, époque Empire.

326 — Plat rond, à bords festonnés, en argent, avec armoirie.

PORCELAINES

327 — Belle Tasse avec soucoupe en ancienne porcelaine de Sèvres, pâte tendre, décor fond jaspé bleu et rose, à rehauts d'or, médaillons à oiseaux.

328 — Belle Tasse avec soucoupe en ancienne porcelaine de Sèvres, pâte tendre, déeor fond gros bleu à carrelages et ruban en vert à rehauts d'or, médaillons à oiseaux.

329 — Grande Tasse avec soucoupe en ancienne porcelaine de Sèvres, décor fond gros bleu rehaussé d'or, médaillons aux chiffres J. M.

330 — Tasse avec soucoupe en ancienne porcelaine de Sèvres, décor à lambrequins et guirlandes de fleurs à rehauts d'or.

331 — Deux Tasses mignonnettes avec soucoupes en ancienne porcelaine de Sèvres, décor oiseaux et fleurs.

332 — Tasse Mignonette avec soucoupe en ancienne porcelaine de Sèvres, décor à bandes rouges et or, médaillons à fleurs.

333 — Sucrier ancienne porcelaine de Sèvres, fond bleu turquoise, médaillons à fleurs, encadrements à rehauts d'or.

334 — Pot à crème en vieux Sèvres fond vert, à rehauts d'or, médaillon à fleurs.

335 — Vase en vieux craquelé de Chine, fond gris, monture en bronze doré.

336 — Douze Assiettes en porcelaine de Paris, décor oiseaux, bordures jaune et or.

BRONZES D'ART

337 — Statuette représentant un Sage de la Grèce (Bronze du XVIe siècle), représenté assis sur un socle de marbre.

338 — Statuette de Mercure (Bronze du XVIe siècle), représenté assis sur un socle de marbre.

339 — Statuette représentant le Guerrier antique (Bronze vert du XVIe siècle).

340 — Buste d'Homme fondu creux (Bronze du XVIe siècle).

341 — Buste de Femme (Bronze du XVIe siècle).

342 — Statuette : Personnage mythologique (Bronze antique).

343 — Statuette d'Homme (Bronze du XVIe siècle).

344 — Fragment de monument, Divinité supportant deux chevreaux (Bronze antique).

345 — Statuette : Vénus d'après l'antique (Bronze du XVIe siècle).

346 — Statuette de Sphynx (Bronze du XVIe siècle).

347 — Statuette d'Hercule (Bronze du XVIe siècle).

348 — Deux petits Bustes : César et Bacchante (Bronzes du XVIe siècle).

349 — Quatre petites Statuettes : Mercure et autres personnages de la Fable (Bronzes du XVIe siècle).

350 — Statuette d'Enfant (bronze vert du XVIe siècle).

351 — Statuette en bronze, adossée à un monument.

352 — Fragment de Statuette d'Homme (Bronze antique).

353 — Torse de Femme (Bronze antique).

354 — Divinité (Bronze vert antique).

355 — Chevreau et Trépied (Bronzes antiques).

356 — Cinq Pièces : Fragments et Cuiller (Bronzes antiques).

357 — Tête d'Homme, fondue creux (Bronze du XVIe siècle).

358 — Deux Médaillons ronds, en cuivre repoussé, XVIe siècle.

359 — Sphynx en bronze, formant presse-papier.

BRONZES D'AMEUBLEMENT

360 — Pendule de Bureau, du temps de Louis XVI, de *Lepaute*, en bronze ciselé et doré. Dans son écrin.

361 — Cartel en bronze doré, époque Louis XVI, mouvement d'*Antoine Coliau* à Paris.

362 — Pendule en bronze doré, époque Louis XVI, mouvement de *Lepaute*, à Paris.

363 — Pendule forme monument en bronze doré, époque Empire, mouvement de *Chopin* à Paris.

364 — Pendule à cage, en écaille et bois, époque Louis XVI.

365 — Garniture de cheminée, composée de cinq pièces : pendule, coupes et flambeaux en bronze.

366 — Paire de Flambeaux en bronze doré, époque Louis XVI.

367 — Paire de Flambeaux en cuivre gravé, époque Louis XVI.

368 — Paire de Flambeaux en bronze doré, époque Empire.

ÉMAUX DE LIMOGES, VITRAUX

369 — Plaque rectangulaire en émail de Limoges, représentant Saint Antoine, XVIe siècle.

370 — Plaque rectangulaire en émail de Limoges, représentant un Saint Hubert, XVIe siècle.

371 — Vitrail peint représentant des personnages en costumes du moyen âge et des armoiries, sous des arceaux, allégorie d'une alliance.

372 — Vitrail rond représentant l'Enfer et un fragment de vitrail.

TERRES CUITES

373 — Statuette de femme, signée *Clodion.*

374 — Tête de jeune femme, travail du XVIe siècle.

375 — Tête de vieillard, travail antique.

376 — Deux Statuettes, travail antique.

377 — Divinité égyptienne.

378 — Tête de Sanglier.

379 — Cheval, travail antique.

380 — Sept Fragments de monuments offrant des sujets en bas-relief de diverses époques.

381 — Statuette, allégorie de *l'Abondance.*

382 — Tête de chimère.

383 — Fragment de chapiteau orné d'une tête ailée, travail antique.

384 — Cinq Lampes grecques en terre cuite, offrant des sujets en bas-relief.

385 — Deux Fragments de petits Vases en terre cuite et en verre peint.

386 — Deux Divinités égyptiennes.

387 — Tête d'homme du temps de Louis XIV.

388 — Quatre Fragments, Têtes et Masques.

389 — Petite Lampe, forme tête d'homme.

390 — Fragment avec figure d'homme, bas-relief.

391 — Deux petits Grotesques.

392 — Flacon en verre antique, décoré de rubans bleus et festonnés.

393 — Trois Fragments d'objets antiques.

394 — Coupe en verre, travail de l'époque primitive.

395 — Coupe en verre antique.

TABLEAUX ANCIENS

396 — **Breughel d'Enfer.** Fragment de tableau.

397 — **Maltais** (Chevalier). Artémise.

398 — **Cranach** (Lucas). Vénus et l'Amour.

399 — **Dominiquin**. La Résurrection (Gravé).

400 — **Géricault** (Attribué à). L'Ange exterminateur.

401 — **Gossaert** (Attribué à). L'Adoration des Mages

402 — **Greuze** (D'après). Tête de jeune fille.

403 — **Lopez**. Pan et Syrinx.

404 — **Machy** (De). Ruines.

405 — **Metsys** (Quentin). Saint Jérôme.

406 — **Molenaer** (Signé). Paysage animé de figures.

407 — **Moralès** (D'après). Ecce homo.

408 — **Nicolle**. Environs de Rome (Aquarelle).

409 — **Ostade** (Signé Adrien van). Les Buveurs.

410 — **Pérugin** (École du). Sainte Famille (forme cintrée).

411 — **Ricciarelli** (Attribué à). La Madeleine dans la grotte de la Sainte-Beaumes.

412 — **Rubens** (École de). Épisode de la vie de Constantin.

413 — **Téniers** (Attribué à David). Le Fumeur.

414 — **Véronèse** (École de). Plafond (Grande esquisse).

415 — **École flamande**. La sainte Vierge et l'Enfant Jésus.

416 — **Id.** Portrait de dame encadré de fleurs.

417 — **Id.** Après la Bataille.

418 — **Id.** La Partie de cartes.

419 — **École française**. Vénus et Adonis.

420 — **Id.** Portrait de gentilhomme du XVIe siècle.

421 — **Id.** Le petit Chercheur de puces.

422 — **Id.** Portrait de dame du temps de Louis XVI (Pastel).

423 — **École française.** La vieille Servante.
424 — **Id.** La petite Abandonnée.
425 — **Id.** Fruits et natures mortes.
426 — **École gothique.** La Vierge et l'Enfant Jésus.
427 — **Id.** Sainte Catherine et sainte Barbe.
428 — **École italienne.** Sainte Thérèse.
429 — **Id.** Tête de saint Jean.
430 — **Id.** La Vierge et l'Enfant (sur marbre).
431 — **Id.** Apparition de l'Enfant Jésus.
432 — **Id.** Saint François d'Assise (Dessin rehaussé de blanc).
433 — **Id.** Salutation angélique.
434 — **Id.** Joseph descendu dans la citerne.
435 — **Id.** La Vierge et l'Enfant Jésus.
436 — **Id.** La Cène.
437 — **Id.** La Présentation.
438 — **École primitive.** La Vierge tenant le Sauveur du monde (Dans un cadre italien).
439 — L'Adoration, d'après Memlinc (Gravure).
440 — Le Mariage mystique de sainte Catherine (Gravure).
441 — Frédéric le Grand retournant à Sans-Souci, par Clémens (Gravure).

Vve Renou, Maulde et Cock, impr de la Compagnie des Commissaires-Priseurs, rue de Rivoli, 144. 75472

www.ingramcontent.com/pod-product-compliance
Ingram Content Group UK Ltd.
Pitfield, Milton Keynes, MK11 3LW, UK
UKHW032017260826
14628UKWH00006B/2540

9 782329 50592